BIBLIOTHÈQUE
DE L'ENFANCE,

Contenant : Anecdotes, Fables, Fabliaux, Historiettes, Contes Moraux, Petit Théâtre, Nouvelles, etc.

Pour l'instruction et l'amusement de la jeunesse.

Par M. DUCRAY-DUMINIL.

CONTES DES FÉES.

La Porte des grandeurs

CONTES

DES FÉES.

Par M. DUCRAY-DUMINIL.

TOME PREMIER.

PARIS,

MÉNARD ET DESENNE, FILS,

LIBRAIRES, RUE GIT-LE-CŒUR, N° 8.

1819.

La Fée Barbotte

CONTES DES FÉES.

LA COQUILLE DE NOIX,

OU LA FÉE BARBOTTE.

Par un beau jour d'été, cinq petits garçons, qui n'étaient point frères, mais amis et voisins, allèrent se promener après en avoir obtenu la permission de leurs parens. Ils traversèrent à gué un ruisseau limpide et entrèrent dans des bois épais où ils s'assirent sur l'herbe. Qu'on est heureux,

dit l'un d'eux, quand on n'a rien
à faire, quand on peut se promener comme cela tous les jours !
Les gens riches peuvent jouir de
ce bonheur - là. — Sans doute,
ajouta le second. Si je n'étais pas
obligé d'aller à l'école ! — Moi,
dit un troisième, j'apprends le
métier de tapissier ; il faut que
je porte, du matin au soir, des
échelles des paquets, qui sont
lourds, ah ! — C'est comme moi,
interrompt un autre ! je suis ap-
prenti chez un épicier, qui me fait
aussi porter des cruches d'huile,
des livres de café, et tout cela

sur ma tête , dans une manne.
Je ploie quelquefois sous le
faix.

Le cinquième , nommé Théophile, se contenta de leur répon-
dre, sans se plaindre comme eux :
Que voulez-vous , mes amis ? tout
le monde est né pour travailler ,
d'une manière plus ou moins
rude. Le plus riche travaille, dans
son genre d'état , comme le plus
pauvre. Ce gros financier qui
demeure à côté de nous entre
dans son cabinet à sept heures du
matin , et , le soir , à minuit , il
y travaille encore : on dit qu'il

pâlit sur des chiffres. Pourquoi
ne jouit-il pas librement de sa
grande fortune ? moi, je suis,
comme vous, dans une maison
de commerce de mercerie. J'ai
beau y travailler comme un mer-
cenaire, je ne gagne rien encore,
et sans ma grand'maman qui a
la bonté de me loger, de m'ha-
biller, de me nourrir, je ne sais
pas ce que je deviendrais. Encore
elle n'est pas riche ma grand'maman; elle ne vit que par écono-
mie; elle se prive de tout pour
moi. Oh! je ne me plaindrais pas
de travailler encore davantage,

si je pouvais l'aider à mon tour
de mon gain! elle est si bonne!
elle a eu pitié d'un malheureux
orphelin.

Comme il disait ces mots, une
marchande de noix passa. C'était
une petite femme tout envelop-
pée dans un grand mantelet d'in-
dienne qui lui descendait jusqu'aux talons. Nos cinq enfans
lui achetèrent un cent de noix,
dont ils bourrèrent leurs poches.
En la payant, ils remarquèrent
qu'elle avait le visage voilé d'une
coëffe noire qui se nouait sous son
menton. Pourquoi donc, la mère,

lui demanda Théophile, cachez-
vous ainsi votre figure ? — Hélas,
mes bons petits enfans, répondit la
vieille, une maladie cruelle, la
petite vérole, m'a rendue si laide,
si laide, que je me fais peur à moi-
même. — Quel dommage !

La vieille passa son chemin ;
mais soudain le ciel se chargea de
nuages, et un orage affreux éclata
sur la forêt. Les enfans se refu-
gièrent dans une espèce de grotte,
où ils ne reçurent pas une goutte
d'eau. Quand l'orage eut cessé,
ils se mirent en route pour rentrer chez eux, en sautant les ra-

vins, en marchant pour ainsi dire dans l'eau. Ils étaient aux trois quarts du chemin qu'ils avaient à faire, lorsqu'ils virent devant eux une petite vieille femme, courte, couverte de sales haillons, qui paraissait boîter, et qui, pouvant à peine marcher, avait une peine horrible à se tirer des boues où elle enfonçait jusqu'au mollet.

Les quatre camarades de Théophile se mirent à éclater de rire, en se moquant de cette pauvre femme. Eh! la vieille, voulez-vous ma voiture? attendez, je vais vous porter sur mon dos, mais pour vous jeter dans la première ornière. O quelle figure ! et quels yeux ! comme elle les équarquille ! et mille autres mauvais propos.

La pauvre vieille grimaçait en effet , en leur faisant de justes reproches ; elle roulait des yeux terribles et les appelait des petits coquins. Elle voulut même lever son bâton pour les frapper ; mais n'ayant plus ce soutien qui lui était indispensable , elle glissa et tomba dans une marre des plus bourbeuses. Nos quatre mauvais

sujets, enchantés de sa mésavan-
ture, se mirent à ramasser de la
boue et à lui en jeter sur le dos,
sans avoir l'humanité de l'aider
dans les vains efforts qu'elle faisait pour se redreser.

Théophile, outré d'indigna-
tion, dit à ses camarades : Otez-
vous, méchans ! que l'un de vous
ose encore insulter cette infor-
tunée ; il aura affaire à moi.

Il les pousse à droite, à gauche, vole à la vieille, et, sans
s'inquiéter s'il gâtera ses mains
ou ses habits, il parvient à la retirer de la marre. Mais elle est

faite ! elle n'est que boue de
la tête aux pieds , et Théophile
aussi ! Grand merci, dit-elle, bon
petit garçon ! Quoique j'aie lieu
d'en vouloir à vos jeunes amis ,
ne les grondez pas davantage à
mon sujet. C'est moins leur faute
que celle du destin. il m'a rendue
si laide , si malpropre , qu'à tout
moment j'éprouve de semblables
avanies. Tous les petits polissons
me suivent et me disent cent
sottises. — Pauvre femme ! s'é-
crie Théophile en soupirant. Ah !
je voudrais que le ciel vous ren-
dît à l'instant jeune et jolie, pour

qué vous n'éprouvassiez plus!....

Il n'a pas le temps d'achever.
La vieille se change à ses yeux
en une grande jeune et belle
femme, toute couverte de soie,
d'or et de diamans! Enfant humain, généreux et compatissant,
dit-elle à Théophile, tu vois devant toi la fée Barbotte, qui est
condamnée à garder pendant
trois ans la forme affreuse sous
laquelle tu viens de la rencontrer,
à moins que quelque passant cha-
ritable ne forme pour elle le souhait que ton bon cœur t'a fait ex-
primer. Tu juges que cela est im-

possible. Dans cet état dégoûtant,
tout le monde me fuit, m'injurie,
et tu es le premier qui, librement,
sans y être excité, as prié le ciel de
me faire redevenir jeune et jolie
comme je suis. Je dois rester trois
ans telle que me voilà, puis trois
autres années vieille et horrible
comme tout-à-l'heure. C'est une
métamorphose qui m'a été impo-
sée par un méchant enchanteur
plus puissant que moi, et qui doit
s'opérer ainsi successivement de
trois en trois années. Je n'avais
repris que d'hier mon odieuse
forme ; ainsi, grâce à toi, j'en

pour six ans à rester belle brillante d'atours. Quel service tu m'as rendu, et combien t'en dois de reconnaissance! C'est moi qui, avant l'orage, ai vendu les noix que tu manges... Mais, que fais-tu? Tu jettes à terre cette coquille, parce qu'elle est vuide? garde-toi bien de la perdre? ramasse-la, mon cher enfant, et garde-la soigneusement : j'y ai caché un talisman des plus utiles pour toi. Quand tu voudras, cette coquille se changera en l'objet que tu désireras. Tu n'auras qu'à lui dire : *Coquille de noix , deviens ceci , cela , ce qui te fera plaisir.* Je te préviens encore que mon pouvoir ayant ses bornes, je n'ai pu donner à cette coquille la vertu de se métamorphoser que quatre fois. Au cinquième vœu que tu ferais , elle éclaterait dans ta main comme un coup de tonnerre , et elle pourrait occasionner de grands malheurs. Dans ces quatre métamorphoses , je ne compte pas celles où tu voudrais la faire revenir dans son état naturel. Cela fera en tout huit changemens si tu veux. Adieu , aimable

enfant; n'oublie pas plus la fée
Barbotte qu'elle ne t'oubliera.

Elle dit et disparaît sous la
forme de l'arc-en-ciel.

Qui est content et bien étonné ?
c'est Théophile. Tandis que ses
camarades restent confus et n'o-
sent l'approcher, Théophile examine sa précieuse coquille, et
ne la trouvant pas différente des
autres, il craint que la fée ne
se soit moquée de lui. Il témoigne
cette terreur à ses camarades, qui,
par jalousie et pour l'intriguer,
lui persuadent que la fée a voulu
abuser en effet de sa crédulité.

L'un d'eux tire de sa poche une noix qu'il casse dans ses dents; mais soudain il la jette en s'écriant : Grand dieu ! que c'est mauvais !

Toutes les noix des quatre railleurs n'étaient plus remplies que d'un fiel noir et dégoûtant. Celles de Théophile, au contraire, étaient doublées de grosseur et de saveur. Il eut la bonté d'en donner à ses petits amis; mais, dans leurs mains, elles devinrent aussi mauvaises que les leurs.

Cependant ils marchaient tous les cinq, en s'entretenant de cette

singulière rencontre. Arrivés au
ruisseau qu'ils avaient traversé
à gué le matin, ils le trouvèrent
tellement gonflé par les eaux des
ravins, qu'il était devenu une
véritable rivière. Comment faire
pour la passer ? il est tard; leurs
parens vont s'inquiéter de leur
absence, et Théophile ne vou-
drait pas causer le plus léger
chagrin à sa bonne grand'mère !
Il s'imagine de profiter de la coquille pour un premier souhait.
Il la jette dans l'eau en lui disant :
*Coquille de noix, deviens un ba-
teau.*

2.

A l'instant, la coquille s'alonge, s'élargit, se creuse, et offre aux yeux la plus jolie gondole qu'on puisse voir. Un beau noyer lui sert de mât, et les nombreuses feuilles de ce grand arbre offrent un abri contre les rayons du soleil et même contre la pluie. A peine nos cinq enfans, émerveillés, se sont-ils placés dedans, qu'elle s'éloigne du bord et va d'elle-même les transporter à l'autre rive ; mais il n'y a que Théophile qui y soit à pied sec. Ses quatre amis sentent les planches s'ouvrir sous eux ; ils restent

assis sur le bord de l'ouverture qui vient de se faire; mais
leurs jambes trempent tout-à-
fait dans l'eau, et, avec cela,
de gros vilains poissons viennent
leur tirer les pieds. Ils jettent
des cris perçans; ils se croient
perdus, dévorés; mais ils ar-
rivent enfin, ainsi que Théophile,
et ils se hâtent de rentrer chez
leurs parens, pour changer leurs
vêtemens qui sont tout mouillés.

On devine bien que Théophile,
en sortant de la gondole, lui a
ordonné de redevenir coquille,
ce qu'elle a fait. Il l'a mise dans

sa poche, et il revient chez sa grand'mère, à qui il raconte cette surprenante aventure. La bonne mère-grand ouvre des yeux étonnés. Elle considère le talisman, et comme elle aime l'argent, dont en effet elle n'est pas trop chargée, elle dit : Sais-tu, mon petit-fils, que si tu voulais être sage, raisonnable, il y aurait de quoi faire notre fortune avec cela ? Tu vois que je ne suis pas riche, il s'en faut ! Tu grandis d'année en année ; il te faut des habits plus amples, du pain en quantité. Tout cela me coûte,

et je ne sais si j'y suffirai quand tu
seras un homme. Écoute, mon
Théophile, il me vient une idée;
c'est d'ordonner à cette coquille
de devenir un grand coffre-fort
tout plein d'or : cela se pourrait-
il? La fée t'a-t-elle dit qu'elle
pourrait se changer en or ?

Théophile répond : Je n'en sais
rien, bonne maman, la fée Barbotte ne m'a rien dit de cela;
mais puisqu'elle prétend que j'en
puis faire tout ce que je veux,
essayons. O mon dieu ! que je
serais donc heureux, si cela pouvait vous donner une existence

plus tranquille. Voyons : *Coquille de noix , deviens un grand coffre-fort tout plein de louis.*

O surprise ! la coquille se change en un coffre de deux pieds quarrés sur un de hauteur, et dont le couvercle s'ouvre à l'instant tout seul. La bonne vieille dame ne peut contenir sa joie quand elle regarde dedans et qu'elle le voit plein jusqu'au bord d'une quantité incalculable de louis! sont ils véritables, s'écrie-t-elle, ou bien est-ce de la fausse monnaie ?

Théophile court en changer

un chez son marchand mercier,
en lui disant : On a donné en
paiement, à ma grand' mère,
quelques louis comme celui-là;
elle craint qu'ils ne soient pas
bons.

Le marchand examine, essaie le
louis, et répond en le lui rendant:
Il est excellent, mon ami : je
souhaiterais que tu en eusses
comme cela quelques centaines.

Théophile dit tout bas en s'en
allant : S'il savait que j'en possède quelques milliers!

Il rentre, il referme bien son
coffre, où il se trouve une ser-

rure et une clef; puis la mère grand et son petit-fils passent la soirée à former mille projets.

Le lendemain matin, la vieille dame dit à Théophile : Je n'ai pas fermé l'œil de la nuit, vas; je n'ai fait que penser à notre cher trésor, et il m'est venu un projet. Le seigneur d'ici à côté veut vendre sa terre, son châ-teau, son riche mobilier ; je puis acheter tout cela, ainsi que les chevaux, les voitures, tout, tout, tout ! — Mais, bonne maman, y aura-t-il assez dans le coffre pour faire une pareille acquisition ? —

Oh , mon dieu oui , mon enfant !
au surplus , nous aurions une
ressource ; ce serait de le réta-
blir coquille , et de le faire redevenir coffre-fort , puisqu'il te
reste deux souhaits à former ; il
n'y a pas de raison pour ne pas
avoir deux coffres encore pleins
comme celui - là. Au surplus,
comptons la somme qu'il con-
tient , et enfermons - nous bien
pour que personne ne nous
voie.

La grand'mère ferme les portes,
les fenêtres ; elle tire même les ri-
deaux sur les croisées. Les voilà

dans une espèce d'obscurité, mais bien sûrs de n'être ni vus, ni entendus. La grand'mère ouvre le coffre, veut prendre une poignée de louis; mais, chose bisarre! ils ne viennent pas; ils semblent tous attachés les uns aux autres. Elle gratte avec ses doigts, aucun ne se détache. Oh, oh! dit-elle en frémissant; qu'est-ce que cela veut dire? Essaie donc, toi, Théophile?

Théophile éprouve la même résistance que la grand'mère. Il gratte aussi cette lourde masse, et n'en obtient qu'une seule pièce d'or qu'il pose sur une table. Il veut en reprendre une seconde; impossible ! la mère et l'enfant restent confondus.

Un léger bruit qu'il entendent les fait se retourner ; ils voient la fée Barbotte elle-même, tout debout dans le milieu de la chambre. Mes amis, dit la fée d'un ton grave et sérieux, je ne vous ai pas donné cet or pour satisfaire votre cupidité ou votre ambition. Il ne doit servir qu'à vos besoins. Vous n'y prendrez, chaque jour, qu'un louis à-la-fois. Si vous aviez le malheur d'en vouloir détacher un second, le coffre entier deviendrait une flamme ardente qui mettrait le feu à la maison. Telle est la nature de nos bienfaits qu'ils ont toujours une restriction, et la suite vous prouvera que celle-ci est pour votre intérêt. Adieu.

Elle disparaît. La mère-grand a éprouvé tant d'effroi de cette apparition, qu'elle est prête à en perdre connaissance. Elle revient à elle cependant, et dit, en se résignant : Allons, il faut se contenter de ce qu'on nous donne, et en user sagement. S'il

est impossible d'acheter une propriété qui coûterait peut-être
deux cent mille francs, nous au-
rons toujours une existence hon-
nête, en prenant, tous les jours,
un louis, ce qui, si je sais bien
compter, augmente notre revenu
de *huit mille sept cent soixante*
francs. Dame, mon garçon! avec
cela, il n'y a pas de quoi acheter
grand' chose; mais on peut vivre,
j'espère! et des plus honorable-
ment encore.

La grand'mère se consola.

Quelques mois s'écoulèrent,
et Théophile vit avec chagrin

3.

que sa bonne mère-grand changeait à vue d'œil. La nuit, elle ne dormait pas ; le jour, elle ne quittait plus sa maison : elle fermait tout avec une précaution minutieuse, et le moindre bruit la faisait tressaillir. Qu'avez-vous, lui dit-il un jour, ma bonne maman ? quelle peut être la source de votre chagrin ? car vous en avez ; c'est en vain que vous voudriez me le dissimuler.

Ah ! mon ami, répondit la vieille dame, tu ne ne sais pas ce que c'est que posséder un trésor ! on craint toujours qu'on

ne vous l'enlève. Depuis que ce
coffre est ici, je maigris à vue
d'œil; j'y pense jour et nuit;
je tremble quand le vent siffle
dans les cheminées; enfin, je suis
rongée d'une secrette inquiétude
qui abrégera mes jours, si je
n'y trouve un remède. — Oh
ciel! s'il est un moyen, bonne
maman, dites-le moi bien vîte;
car il n'y aurait pas de trésor
qui pût me consoler de votre
perte! — Tu m'aimes donc bien,
mon Théophile? — Et comment
n'aimerais-je pas une tendre mère
qui remplace les auteurs de mes

jours ? — Tu peux me le prouver. — Quelque chose que vous
exigiez, je suis prêt à vous satisfaire ; parlez. — Eh bien ! te
voilà grand et fort ; tu vas sur
seize ans ; tu es un homme. —
Je saurais au moins en remplir
les devoirs. — Il faut, pour me
contenter, que tu veilles, toutes
les nuits, auprès de ce coffre.
Je t'ai acheté un fusil, des pis-
tolets, de la poudre, du plomb,
une carabine, un couteau de
chasse, un sabre, une épée,
deux gros bâtons et une forte
serpe. Tu auras tout cela près

de toi, et le jour, pendant que
tu te reposeras, dans ton lit, des
fatigues de la nuit, je ferai sen-
tinelle à mon tour. Je ne t'ai
pas dit pourquoi j'avais renvoyé
la servante ; c'est que je veux
que nous ne soyons que nous
deux ici, qu'il n'entre personne,
et que tout soit exactement fermé. O mon dieu ! si l'on savait
que nous cachons derrière cette
tapisserie un pareil trésor, on
viendrait nous couper le cou
pour l'avoir. Veux-tu céder à
mes désirs?

Théophile chérissait trop sa

bonne maman pour lui trouver un ridicule, il ne savait que lui obéir. Il lui promit donc de faire tout ce qu'il lui plairait. Mais la garde assidue de Théophile ne guérit pas les alarmes de sa grand' mère. Elles redoublèrent : la bonne dame s'imaginait, les nuits, qu'on venait attaquer son petit-fils; elle ne rêvait plus que voleurs, combats, assassinats ; elle croyait entendre le cliquetis des armes; et si elle s'assoupissait, elle se réveillait en sursaut, en lui criant : Hein ! est-ce toi qui tire un coup de pistolet?

Théophile, voyant la maigreur
et la faiblesse extrême de cette
vieille dame, lui dit un matin :
Maman, vous ne dépensez cer-
tainement pas, par jour, le louis
que je prends dans ce coffre? —
Que dis-tu là? je n'en ai pas dé-
pensé la huitième partie. Au contraire, je ne mange plus, je ne
m'habille plus, et toi, qui me
tiens si fidèle compagnie, tu ne
prends aucune espèce de plaisir;
cela fait que, depuis huit mois,
j'ai là plus de cinq mille francs
d'épargnes. — Cinq mille francs,
bonne maman! eh mon Dieu!

il ne vous en faut pas davantage
pour le moment; par la suite,
je puis utiliser mon talisman
d'une autre manière. Permettez-
moi de le briser? — Je crois que
tu as raison, mon garçon; car il
me ferait mourir!

Théophile n'attendit pas que
sa mère se rétractât; il donna
l'ordre au coffre de disparaître,
et à l'instant la coquille se re-
trouva à sa place. Sa mère-grand
lui dit : Tu as bien fait, mon ami;
et d'ailleurs, il ne nous en serait
resté guère davantage, si nous
avions acheté la propriété en ques-

tion. J'ai appris hier, qu'à la suite d'une grèle qui avait cassé six arbres, la foudre était tombée sur le château, les bâtimens, la grange, etc., et avait tout réduit en cendres ; ce qui prouve que la fée a eu bien raison, quand elle nous a dit que c'était pour notre propre intérêt qu'elle nous empêchait de l'acheter. Allons, serre bien ta coquille et reprenons la santé, la gaieté, ainsi que nos anciennes habitudes.

Il se passa quatre années sans qu'il arrivât rien de nouveau à Théophile. Il avait caché soigneu-

sement sa coquille, et il la ré-
servait pour de grandes occa-
sions. Théophile travaillait chez
son marchand, et il connaissait
parfaitement le commerce. Le
marchand avait une fille très-
sage, mais excessivement laide.
Le père de cette fille dit un jour
à Théophile : Mon ami, si tu
avais quelque pacotille à transporter dans les îles, tu y ferais
fortune ; et, à ton retour, je te
donnerais ma fille en mariage.

Théophile estimait cette jeune
personne ; mais il ne l'aimait
pas assez pour en faire sa femme.

L'avis du marchand n'en excita
pas moins son ambition. Depuis
long-temps il brûlait du désir de
voyager, et il saisit cette occasion. Monsieur, répondit-il au
marchand, je me trouve très-
flatté de cet honneur. Je pars à
l'instant, si vous me promettez
d'avoir soin de ma bonne mère-
grand, qui est bien âgée, mais
dont la santé, qui s'améliore de
plus en plus, me permet de
voyager sans inquiétude pendant
quelques mois.

Le marchand lui promit de
prendre sa grand'mère dans sa

propre maison, ce qu'il fit, et Théophile partit.

Arrivé au premier port de mer, il attendit la nuit; puis, jetant son talisman dans l'élément perfide, il s'écria : *Coquille de noix, deviens...un vaisseau chargé de marchandises.*

A sa grande satisfaction, la coquille se changea, à sa vue, en un joli vaisseau, dont le capitaine, s'approchant de lui, le prit par la main sans prononcer une parole, et le conduisit dans la calle, où Théophile vit en effet des ballots de marchandises de toutes espèces. Quand il fut remonté à la proue, dans la chambre qui lui était destinée, il s'aperçut que le vaisseau avait déjà quitté le rivage, et qu'il était en pleine mer. Il se coucha et s'endormit.

Le lendemain, il fut bien surpris de voir que le capitaine et ses matelots se contentaient de le saluer sans lui dire un mot. Il les questionna, même silence. En un mot, ils lui obéissaient en tout, mais ils ne lui parlaient point. Apparemment, se dit-il, que ce sont les gens de la fée Barbotte, et qu'elle leur a dé-

4.

fendu d'ouvrir la bouche. Ils ne
l'ouvrirent pas en effet, même
pour manger. Ils servaient Théophile à table, et ne prenaient, eux,
aucune nourriture.

Au bout de huit jours, un
vaisseau plein de pirates vint
fondre sur celui de Théophile.
Le pauvre jeune homme eut
beau ordonner à son équipage
de se défendre, tout le monde
resta les bras croisés autour de
lui, en sorte que les pirates
s'emparèrent bien facilement de
lui et de son bâtiment. Le chef
des pirates brûla le méchant na-

vire qui l'avait amené , trouvant
celui de Théophile bien plus com-
mode pour lui , et il mit notre
jeune homme dans les fers , à
fond de cale.

Théophile se prit à pleurer ,
à gémir , à appeler en vain la fée
Barbotte à son secours. Sa terreur redoubla , quand il entendit
le chef des pirates, Mahmou-Assa,
dire à ses gens : Courage! amis ;
demain , nous arriverons à la
terre de Feu, et si le gouverneur ne veut pas me donner sa
fille , je l'enleverai ; je la trans-
porterai dans ce charmant navire

jusqu'en mon palais, et là, je ferai du jeune Théophile le gardien de mon sérail.

Je suis bien bête ! se dit Théophile à ces mots ; je puis à l'instant même punir l'insolence de ce forban, et j'aime mieux mourir dans les flots que de subir l'esclavage affreux qu'il me réserve.

Il ordonna à son vaisseau de redevenir coquille, et la métamorphose se fit si promptement que Théophile eut le temps de voir les pirates et leur chef couler jusqu'au fond de la mer.

Quant à lui, il se trouva couché tout de son long dans la coquille, qui, sans changer son bois, ni sa couleur, avait seulement pris la forme d'un esquif de la taille juste de son maître.

Elle le transporta doucement jusque sur une plage déserte, où, reprenant sa première dimension, elle permit à Théophile de la mettre dans sa poche.

Il se trouva justement sur la terre de Feu, dont le gouverneur avait une très-jolie fille que le pirate Mahmou-Assa convoitait.

Vous dire, mes enfans, comment Théophile parvint à se faire aimer de ce gouverneur et de sa fille, la belle Déborah, serait étendre mon récit déjà trop long.

Qu'il vous suffise de savoir qu'au moment où il allait épouser Déborah, le méchant pirate, qui s'était sauvé des flots, reparut avec une nombreuse armée, livra bataille au gouverneur, et parvint, dans la mêlée, à enlever sa fille, qu'il transporta, sur sa petite flotte, jusqu'à l'île de Feu où était situé son palais.

Le malheureux gouverneur était au désespoir. Séchez vos larmes, mon père, lui dit Théophile ; je pars, et je vous ramènerai votre fille, mon épouse !

Il dit, ordonne à sa coquille de devenir char aérien, se place dedans, et arrive au palais du pirate avant l'arrivée du forban et de sa proie. Comme il avait ordonné à son char d'être invisible, il le déposa dans un coin de la vaste cour du palais, et ne tarda pas à voir revenir en triomphe le pirate, tenant dans ses bras Déborah fondant

en larmes. Comme Théophile,
en opérant la métamorphose du
char, s'était trouvé habillé en
chef de pirates, bienfait qu'il
devait encore à la bonté de la
fée, il s'approcha du char de
Déborah, la prit par la main, sans
paraître suspect au ravisseur,
qui crut que c'était un des siens.
Théophile alors dit à l'oreille à
Déborah qui il était, et la conduisit vers le char pour l'y pla-
cer près de lui.

Mais, ô douleur! le char était
redevenu coquille de noix; le
quatrième vœu de Théophile était

accompli ; tout reprenait sa forme naturelle. Lui-même avait vu disparaître ses habits de forban, et le pirate ravisseur le reconnut !

Ah, ah ! s'écria ce dernier : voilà donc le jeune téméraire, et son talisman que je puis enfin lui ravir ! Déborah, sans vouloir me dire de qui il le tenait, m'a confié qu'il possédait cette précieuse coquille ; elle est à moi, et je vais lui ordonner d'envoyer ici sur-le-champ une légion de tigres qui dévorent à mes yeux ce couple téméraire !

Pendant qu'on charge de

I. 5.

chaînes notre imprudent jeune homme, le pirate ramasse la coquille; mais il n'a pas le temps d'achever *Coquille, deviens*.....

Le talisman se brise avec un fracas épouvantable. Le palais s'écroule; le feu le dévore, et brûle, dans des tourmens inouis, le forban et les siens.... Fuyons, Déborah, s'écrie Théophile, fuyons ce spectacle horrible !

Tous deux se sauvent dans un bois voisin, où l'ombre ainsi que l'air pur et frais leur permettent de s'asseoir, de respirer,

de se reposer. Une mare fan-
geuse est auprès d'eux ; mais ils
n'y pensent pas , tant ils sont ef-
frayés de ce qu'ils viennent de
voir.

A l'instant , une petite femme ,
toute couverte de bourbe , sort
de cette marre. C'est la fée Barbotte : nos deux amans se jettent
à ses genoux , qu'ils embrassent,
quelque crottés qu'ils soient ;
mais la fée les relève et dit :
Théophile , tu m'as bien secondée
dans les tentatives que j'ai faites
pour me délivrer de mon ennemi.
Tu viens de me venger de l'en-

chanteur Miaulant, à la méchanceté duquel je devais cette triste
métamorphose. Pour que je n'y
fusse plus assujétie, le destin
voulait que je trouvasse le moyen
de faire tomber un de mes talismans dans les mains de cet enchanteur, par une tierce personne qui le forçât à s'en servir
lui-même. Il n'est point mort,
comme tu pourrais te l'imaginer;
mais le destin l'a condamné, à
son tour, à devenir chat, et à
rester chat pendant cent ans. Tu
vois qu'il aura le temps de miau-

ler!... Tiens, le voilà qui passe
sous cette forme. Vois-tu ce gros
chat noir? Eh bien! c'est lui. Il
s'arrête devant nous. Comme il
nous regarde! quels yeux il nous
fait! va-t'en, gros vilain matou!

L'enchanteur-chat, à cet ordre
supérieur auquel il ne pouvait
résister, se sauva, en miaulant
comme si on avait jeté sur lui
de l'huile bouillante.

La fée redevint belle, jeune,
brillante d'atours, et elle dit à
Théophile, ainsi qu'à Déborah :
Comme c'est à vous que je dois

5.

le bonheur de rester toujours telle que vous me voyez, je veux vous combler des marques de ma juste reconnaissace.

Il parut soudain un ballon enlevé par deux aiglons et portant une jolie nacelle dans laquelle nos trois amis se placèrent. Ils arrivèrent bientôt à la terre de Feu, chez le gouverneur, auprès duquel Théophile eut le bonheur de retrouver sa mère - grand, que la fée avait transportée d'une manière magique. Les noces de Théophile et de Déborah se fi-

rent de suite avec la plus grande
pompe, et ce couple heureux vécut
long-temps riche, puissant, honoré
de la protection de l'excellente
fée Barbotte, qui ne les quitta
plus que pour remplir les devoirs
de son état de fée.

Telle fut, mes enfans, la ré-
compense du respect que Théophile témoigna pour l'âge et le
malheur. S'il se fût moqué de la
fée, comme ses camarades, le
premier jour qu'il la rencontra,
s'il ne l'eût pas aidée à sortir de
son bourbier, elle ne l'aurait pas

distingué, comme un bon cœur, comme un petit garçon sensible, humain et généreux.

Amis, rendons service chaque fois que l'occasion s'en présente.

Le Prince Grichou

LE PRINCE GRICHOU

ET LA PRINCESSE GLORIOLE.

Il y avait autrefois un roi et une reine qui n'étaient pas mari et femme, mais seulement voisins et amis. Le roi possédait en Asie un empire de trois cents lieues, et la reine avait un royaume d'à-peu-près la même étendue. Par une démarcation assez singulière, ces deux royaumes se touchaient presque par un bout ; car, entre les deux capitales, il y avait tout

au plus la distance de trois lieues;
encore était-ce une espèce de désert qui n'appartenait à personne
et que l'un des deux souverains
aurait pu s'approprier, s'ils ne
s'étaient pas promis mutuelle-
ment de ne jamais s'agrandir
de ce côté.

Ces deux états avaient été ainsi
partagés, depuis plus de quatre
cents ans, à la suite d'une guerre
cruelle que deux rois s'étaient faite,
et qui avait été suivie d'un traité
de paix. Le roi et la reine dont
nous parlons avaient respecté
ce traité, et désiraient, pour le

bien de leurs peuples, que leurs
enfans le respectassent à leur
tour. La reine était enceinte et
venait de perdre son mari, ce
qui, dans ce pays-là, l'avait
placée sur le trône. L'épouse du
roi était morte depuis six mois,
après l'avoir rendu père d'un
prince; en sorte que le roi et
la reine étaient entièrement libres
de leurs volontés. Ils s'aimaient
en bons amis, en excellens voisins, et sans doute ils auraient
pu se marier; mais l'un regret-
tait trop sa femme, l'autre avait
juré de rester fidèle à la mémoire

de son mari ; tous deux s'étaient
promis de rester veufs.

Ils sentaient cependant qu'ils
étaient mortels. Ils craignaient
que leurs enfans ne rompissent la
bonne intelligence qui régnait
entre leurs peuples, et ne rallu-
massent, par une ambition dé-
mesurée, la guerre cruelle qui
avait déjà coûté tant de sang. Ils
résolurent, en conséquence, de
consulter les fées sur le caractère qu'auraient les êtres destinés
à leur succéder.

Il y avait, aux confins de leurs
deux royaumes, une île qu'on disait

inaccessible, et qui était habitée
par un fameux enchanteur, nommé Finet, qui avait épousé une
fée des plus célèbres. Ce couple
d'êtres surnaturels était humain,
généreux, et s'occupait particulièrement à conjurer les tempêtes
qui menaçaient d'engloutir les
vaisseaux dans les mers voi-
sines.

Le roi et la reine espérèrent
qu'en faveur de leurs vœux, qui
tendaient au bien de l'humanité,
ils obtiendraient une audience
de l'enchanteur et de la fée. Ils
partirent donc dans leurs beaux

carrosses tout d'or, traînés chacun par huit chevaux blancs
comme la neige, et dont les
harnais étaient couverts de diamans.

Arrivés sur le bord de la mer
qni les séparait de l'île, l'écuyer
du roi sonna d'une trompette qui
possédait la vertu de se faire entendre à cinquante lieues. C'était
un cadeau d'une fée qui avait
présidé à la naissance du roi.

Aussitôt, une espèce de bac
très-vaste, et richement orné,
s'éleva sur l'eau, et le roi et la
reine y entrèrent avec toute leur

suite (le roi avait amené son petit garçon de six mois avec sa nourrice). Quand ils furent devant l'enchanteur et sa femme, l'enchanteur Finet leur dit : Je sais ce qui vous amène, et sans vous faire attendre, je vais sur-le-champ contenter vos désirs.

Vous, grand roi, regardez par cette fenêtre de mon château, et voyez ce qui va se passer sur la mer.

Le roi tourna la tête, et vit s'élever du sein des eaux une île flottante qui lui retraça son empire en petit. Un jeune roi,

d'une figure aussi laide que fa-
rouche s'y occupait avec acti-
vité de préparatifs de guerre. Il
faisait fondre des canons, des
mortiers, des obus ; il armait
tous les citoyens malgré eux,
et ceux qui semblaient hésiter,
il leur coupait lui-même la
tête d'un coup de cimeterre.

Que vois-je, s'écria le roi !
serait-ce là mon fils ? — C'est
lui-même, répondit l'enchanteur;
voilà ce qu'il sera et ce qu'il fera.

Au même moment le petit
prince de six mois jeta un cri et
fit une grimace si laide, si épou-

vantable, que le roi crut déjà voir en lui des traits de ressemblance avec la vilaine figure de l'île enchantée.

Et mon enfant, à moi, demanda la reine? sera-ce aussi un garçon? — Non, lui répondit la fée Finette, vous aurez une fille, et vous allez voir, à votre tour, ce qu'elle deviendra.

La reine regarda du même côté que le roi. Il s'offrit à sa vue une seconde île, représentant exactement ses états. Cette île vint s'accrocher à la première, et une jeune princesse, noncha-

6.

lament étendue sur un trône,
y sembla recévoir les hommages
de toute sa cour. Tout le monde
etait à genoux devant elle ; elle
regardait avec dédain les grands
seigneurs et ne s'occupait que
de se parer, de respirer des par-
fums. Tout-à-coup le cri de
guerre se fait entendre ; c'est le
roi son voisin qui entre dans
son royaume, le fer et la flamme
à la main. La princesse, effrayée,
ne sait où se cacher ; un de ses
ministres prend le commande-
ment de son armée. La bataille
devient horrible. Les assaillans

sont repoussés à leur tour ; les
plus belles villes des deux empires sont en feu ; on entend
les cris des blessés, des mourans ; et la princesse, faite pri-
sonnière, est traînée, chargée
de fers, aux pieds du prince
vainqueur, qui la fait enfermer
dans une énorme tour.

Quelle horreur ! s'écrie la reine;
quoi, ce serait là la destinée de
ma fille !

La fée Finette lui répond : Oui,
madame ; voilà les suites funestes
du refus qu'elle fera d'épouser
le prince son voisin. Son trône

sera envahi; l'usurpateur de ses
états fera la guerre de nouveau,
et il n'y aura plus de raison
pour en finir! — Eh! comment
prévenir d'aussi grands malheurs?
— L'éducation seule pourra cor-
riger ces mauvais naturels, mais
il faudra qu'elle soit sévère. —
Où trouver des précepteurs assez
habiles?...

L'enchanteur interrompt: Nous
vous en servirons, dit-il... — Quel
service! repart le roi : mais vous
verrez.... Soyez sûrs que notre
or, tous nos trésors!...

— Eh! grand roi, manquons-

nous d'or, de rubis, d'émeraudes,
de toutes les richesses de la terre?
Offrez-nous votre reconnaissance
et celle de vos peuples, dont
nous voulons épargner le sang.
Notre pouvoir d'enchanteur et
de fée ne nous a été donné que
sous la condition qu'il serait utile
à l'humanité. Nous sommes, ma
femme et moi, des génies bienfaisans. Eh! quelle plus belle occasion d'exercer notre puissance
que celle d'épargner des guerres,
des maux affreux à vos deux
royaumes! Nous ne nous flattons
pas d'y réussir; car nous ne pou-

vons rien sur les cœurs des hu-
mains ; mais nous ferons au moins
tous nos efforts pour tourner
au bien ceux des deux êtres si précieux qui doivent vous succéder.
Retournez dans vos états ; quand
il en sera temps, sans que vous re-
veniez, sans que vous nous appe-
liez, vous nous verrez paraître.

Le roi et la reine, enchantés
de ces promesses, revinrent chez
eux, et la reine ne tarda pas
à donner le jour à une très-jolie
petite fille, à qui, par ordre de
la fée Finette, on donna le
nom de la princesse Gloriole,

de même que l'enchanteur voulut que le fils du roi s'appelât le prince Grichou.

Ces enfans s'élevèrent jusqu'à l'âge de huit ans sans qu'on eût la moindre nouvelle des génies bienfaisans qui avaient promis de leur servir d'instituteurs. Cela désolait leurs père et mère ; car tandis que le petit Grichou annonçait le caractère le plus maussade, le plus boudeur, le plus taquin, le plus entêté, la petite Gloriole se donnait déjà des airs de grandeur, de protection ; elle tournait sa tête lentement,

avec une espèce de majesté. Il
semblait qu'elle méprisât tout
le monde, même sa tendre mère,
dont elle supportait à peine les
caresses. Elle était fort jolie avec
cela; mais le prince Grichou avait
une figure d'une laideur basse,
sur laquelle se peignaient l'en-
nui, la brusquerie, un méconten-
tement continuel. Il était si maussade, si ridicule, qu'il devint bientôt
l'objet de la risée des seigneurs
de la cour de son père. De son nom
Grichou, ils imaginèrent le verbe
gricher, c . . . . t venu jusqu'à nous;
et lorsque . . . . eux témoignait de

l'humeur sur quelque chose, les autres lui disaient : *Tu griches, il griche, nous grichons, vous grichez, ils grichent.*

Pour comble de malheur, les deux enfans ne pouvaient pas se souffrir ; le prince brusquait journellement la princesse ; celle-ci lui lançait, du haut de sa grandeur, des regards de mépris.

Enfin, un matin que la reine faisait une visite au roi, et qu'ils étaient réunis au milieu d'une cour brillante, on vit s'avancer un petit bossu, couvert d'une longue robe noire et donnant la main à

une vieille femme aussi laide que
lui.

Nous venons, dit le bossu, de
la part de vos amis des trois îles,
pour être les instituteurs de vos
enfans. Vous voyez qu'ils vous
ont tenu parole.

Malgré le déguisement et l'exi-
guité de taille qu'avaient pris
l'enchanteur et sa femme, le roi
et la reine les reconnurent à
quelques traits de leur figure,
et ils en tressaillirent de joie.
Le ciel soit loué, répondit le roi,
nous vous adoptons, bonnes

gens, et vous allez entrer sur-
le-champ en fonctions.

Nous avons dit que les états du
roi et de la reine étaient séparés,
d'un bout, par un désert de trois
lieues. Les deux génies avaient
métamorphosé ce désert en un
charmant château de plaisance,
accompagné d'un parc, de pièces
d'eau, de tout ce qui peut em-
bellir, une habitation royale. Il
fut décidé que les deux enfans
seraient réunis dans ce château
sous la surveillance M. et Mme
Finet, et que leurs parens ne se

mêleraient plus de leur éducation.

Qui fut bien désolé de ce chan-
gement ? Ce fut le prince Grichou.
Quoi ! s'écria-t-il, vous me don-
nez, papa, un vilain bossu comme
cela ! Je le battrai, d'abord, je
vous en avertis. — Mon fils, répondit le roi, vous ferez ce qu'il vous
plaira, et ensuite, moi, j'agirai
en conséquence. — C'est comme
moi, dit en pleurant la princesse
Gloriole à sa mère, voilà une
belle gouvernante que vous m'a-
vez choisie ! une petite vieille
boiteuse, borgne et d'une lai-

deur !.. — Ma fille, elle a des qualités qu'elle vous fera connaître !

Malgré les cris, les pleurs des enfans, ils furent emmenés dans le château du désert, où ils ne virent plus ni la cour, ni leurs parens.

On pense bien qu'ils se moquèrent d'abord de leurs maîtres, et que la solitude et la conformité de leur situation les fit se rapprocher. Le prince dit un jour à la princesse, Que pensez-vous de mon bossu ? — Je pense qu'avant son arrivée, je vous trou-

7.

vais tout-à-fait laid, et qu'aujour-
d'hui je vois que vous êtes un
jeune homme tout comme un
autre. — Vous me trouviez laid,
hom ! ce n'est pas là un com-
pliment. Je ne vous en ferai pas,
moi, en vous disant que je n'avais
pas besoin de voir la laideur de
votre bancale pour vous trouver,
dans tous les temps, jolie, oh !
mais très-jolie. — Oui ? Je suis jolie
à vos yeux ? Voilà la première
fois que vous me le dites. — Il
faut bien commencer, et puisque
je n'ai pas d'autre visage devant
les yeux !... Mais comme vous

changez de figure ! ce ne sont plus vos traits ! regardez-vous donc dans ce miroir de toilette.

— En effet, je ne me sens pas bien.

— Regardez-vous, vous dis-je.

— Ce miroir, c'est ma boiteuse qui me l'a donné ; je n'ose jamais m'y regarder ; il me rend laide à faire peur. Voyons donc.

Elle se mire et jette un cri perçant. En effet, dans ce miroir, qui était un talisman, sa tête était alongée de deux pieds et retrécie de six pouces, ce qui la rendait épouvantable. Ces mots, écrits en traits de feu dans le miroir, parurent en même-temps à ses yeux :

L'orgueil et le mépris dénaturent la plus belle figure.

Comme cette métamorphose ne s'était opérée que pour elle seule, le prince Grichou s'avança pour regarder dans la glace : il s'y vit ; mais de quelle manière ! sa bouche distillait des flots de fiel, et son cœur, qu'on voyait à découvert, était rongé par un énorme serpent. Ces mots lui apparurent :

Ce serpent est le symbole de

l'envie, de la méchanceté et de la brutalité.

Ouais! se dirent ces deux enfans; il y a de la magie dans ce miroir; je ne m'y regarderai plus.

Le prince Grichou ajouta : M. Finet m'en a donné un tout semblable à celui-là, serait-il enchanté aussi? je ne m'en suis pas aperçu. Je rentre chez moi, j'y vais voir.

Le prince court à son miroir de toilette; il y regarde, et reste bien étonné d'y voir, au lieu de

sa figure, un joli enfant ailé,
bien plus petit que lui, qui lui
dit : *Aime Gloriole. Le ciel l'a
destinée à être ta femme.*

Aime ! se dit le prince ; aime
Gloriole ! cela est bientôt dit ;
mais elle a tant de défauts !

L'enfant lui répond : Et toi, es-
tu aimable ?

L'enfant disparaît.

Le prince, quoique bien jeune,
réfléchit, et, au retour de son pré-
cepteur, il lui dit : Savez-vous,
monsieur Finet, qui a eu le talent
d'enchanter ce miroir et celui de
ma petite femme ? — Oui, je le

sais, je vous le dirai ; mais,
avant, permettez-moi de vous
demander pourquoi, pour la première fois, vous nommez la princesse votre petite femme. — C'est
qu'un petit enfant, l'Amour sans
doute, tel qu'il est représenté
dans les tableaux de mon papa,
vient de me dire que Gloriole
serait un jour ma femme. — Si
vous la méritez, mon prince, il
se pourra... — Comment, si je
la mérite ! c'est à elle à me mé-
riter, elle qui est haute, impé-
rieuse, menteuse, etc. — Et vous,
n'êtes-vous pas sournois, brusque,

grondeur, impoli, méchant même?
— Il vous sied bien de me dire
des injures, vilain bossu, avec
votre petite tête chauve, grosse
comme le poing ! — Je vais vous
montrer qu'il y a plus de choses
dans ma tête que dans la vôtre.
Regardons-nous tous les deux
dans cette glace.

Leurs têtes parurent s'ouvrir
en deux ; celle du prince Grichou
n'avait ni ossemens, ni cervelle :
elle était absolument vide comme
la gourde d'un pélerin. La tête
de l'enchanteur était au contraire
toute pleine comme un œuf; on

y voyait une sphère céleste, des
compas, des crayons, des livres
en quantité, tous les emblêmes
en un mot des sciences qu'il
possédait. Eh bien! monsieur,
s'écria le prince Grichou, ap-
prenez-moi donc toutes ces belles
sciences-là. — Si vous le voulez,
prince, vous apprendrez comme
je l'ai fait, et tandis que je ferai
votre éducation, ma femme per-
fectionnera celle de la princesse
Gloriole, de manière à ce que
nous vous rendions tous deux,
par la suite, dignes l'un de
l'autre.

I. 8

Le prince, pour toute réponse, se mit à étudier, ce qui fit le plus grand plaisir à l'enchanteur.

De son côté, la princesse Gloriole grondait sa gouvernante. Que vous êtes gauche, madame Finet! lui disait-elle. Que vous me posez mal mes plumes, mes fleurs, mes diamans! Je serai laide à faire peur avec cela! En vérité, vous ne savez guère ce qu'il faut à une jeune personne pour qu'elle plaise!

— Pardonnez-moi, princesse, je le sais mieux que vous. Pour qu'une jeune personne plaise, il

faut qu'elle soit comme moi.
— Ah, ah, ah ! comme vous !
c'est-à-dire bancale, tortue,
borgne et vieille ! — Je n'ai pas
toujours été vieille, borgne, tortue et bancale. A la vérité, je n'ai
jamais été jolie ; mais j'ai plu, et
davantage que vous ne plairez
jamais. — La sotte ! ôtez-vous de
mes yeux. — Non pas, s'il vous
plaît ; c'est à vous à vous retirer
des miens.

A l'instant, d'un coup de
baguette, Gloriole se trouve assise
sur un sopha dans le coin d'une
vaste galerie où il y a un monde
infini. Tous les rois de l'Afrique

et de l'Asie sont là qui semblent
prêts à choisir leurs épouses parmi
un grand nombre de jeunes prin-
cesses, de tailles et d'âges diffé-
rens. On en voit de très-jolies;
on en voit de laides, et, dans
ce nombre, Gloriole reconnaît
madame Finet, qui est couverte d'or et de bijoux comme
les autres. Un concours litté-
raire s'ouvre. Madame Finet
y fait briller ses connaissances
dans toutes les langues. On donne
un concert, madame Finet y joue
de tous les instrumens avec une
supériorité marquée sur ses ri-

vales. On commence un bal, madame Finet y danse avec une grâce qui charme toute l'assemblée. Gloriole remarque bien une jeune princesse qui lui ressemble à croire que c'est elle. C'est Gloriole elle-même; mais Gloriole, ne pouvant faire briller aucun talent, s'efforce de grimacer, de faire des mines pour fixer l'attention des épouseurs: on ne la regarde pas; on lui tourne le dos, et le plus beau des rois de l'Afrique vient déposer son sceptre et sa couronne aux pieds de la laide Finet, qu'il prend pour

8.

épouse... Le charme disparaît.

Ai-je dormi, s'écrie Gloriole
se retrouvant à sa place? Ai-je
rêvé, madame! Qu'est-ce donc
que je viens de voir là ? — L'his-
toire de ma jeunesse. Je fus mariée
à un homme puissant, et je dus
cet honneur à mes faibles talens.
— Ils ne sont pas faibles, madame; j'ai été enchantée de vous,
comme tous ceux que ce rêve à
offerts à mon imagination. Mais
par quelle puissance ce tableau
magique?...—Le ciel l'a permis,
sans doute, pour vous donner
une utile leçon.

Gloriole se tait , refléchit , puis elle se met à travailler. Ainsi voilà nos deux enfans qui commencent à profiter de leurs études et à faire , d'année en année , de rapides progrès. Ils savaient que leurs deux tableaux magiques étaient des talismans , et il leur était enjoint d'y regarder chaque fois qu'ils voulaient faire une action que leur conscience leur indiquait n'être pas louable.

Un jour , le prince Grichou s'abaissa jusqu'à maltraiter et frapper un pauvre domestique , au point de lui casser une jambe.

L'enchanteur, indigné de cette brutalité, lui en fit des reproches : Que voulez-vous, monsieur Finet ? répondit-il, je l'aurais tué, je crois, tant j'étais en colère ! Ce drôle-là m'a pris ou perdu mon étui de mathématiques, que je suis bien sûr d'avoir posé là ce matin. — Ah, vous êtes sûr ! Regardez votre miroir !

A l'instant, le grand canal, qui est devant le château, s'offre à la vue du prince. Il se voit lui-même dans une belle gondole au milieu de l'eau. Il se penche pour attraper un poisson qui passe

près de lui, et son étui de mathématiques, qui est dans sa
poche, tombe dans l'eau..... Le
charme disparaît.

Vous voyez, poursuit l'enchanteur, comme vous étiez sûr ! En-
voyez chercher au fond du canal sur lequel vous vous êtes
promené ce matin ; on y trouvera votre étui.

En effet, on le rapporte au
prince, et il est bien honteux
d'avoir fait à un innocent un mal
que tout son or ne peut réparer.

Une autre fois, Gloriole, trouvant mort dans sa cage un très-

beau perroquet dont elle était folle, ne manqua pas d'accuser de méchanceté, ou au moins de négligence, tous les gens qui la servaient. Ses soupçons tombèrent particulièrement sur une femme de chambre qui avait plusieurs fois montré de l'humeur contre le perroquet, parce qu'il l'appelait *Laidron! Laidron!* Elle accusa cette femme d'avoir tué cet animal, et la renvoya après lui avoir donné un violent soufflet. La fée Finette lui dit : Princesse, avant d'accuser, de chasser les gens, il faut être bien cer-

tain qu'ils sont coupables. — Oh!
ma bonne, Dorothée est coupable.
Quelle autre qu'elle, qui ne pouvait pas souffrir mon *Jacquot*?...
— Quelle autre ? Votre miroir
va vous le dire.

Le miroir retrace soudain la
salle à manger du château, dans
laquelle Jacquot résidait, libre
d'aller, de venir, de descendre,
de monter par-tout. Sur la table
sont les restes du déjeûner, et
Jacquot, qui est seul dans cette
chambre, va manger dans un
plat plusieurs brins de persil
qui avaient servi à entourer un

poisson au bleu. Jacquot n'en a
pas plus tôt mangé, qu'il tombe et
meurt.

Voilà, dit la fée, ce qui a causé
la mort de votre perroquet. Em-
pressez-vous de rappeler le sujet fidèle que vous avez éloigné
de vous, et tâchez de réparer
l'affront du soufflet qu'il a reçu de vous, brutalité indigne
d'une personne de votre sexe,
et sur-tout de votre rang.

C'est ainsi, et par ces deux
précieux miroirs, que Grichou
et Gloriole apprenaient la vérité
sur tout ce qu'ils désiraient sa-

voir. Ces utiles leçons, et celles que leurs donnèrent leurs dignes instituteurs sur mille autres objets, changèrent totalement leurs cœurs et leurs caractères. Grichou devint aussi affable, aussi doux qu'il avait été méchant, grondeur et sournois. Gloriole joignit à la beauté la grâce, l'esprit et la bonté qui en rehaussent le charme. Tous deux, élevés ensemble, pratiquant la même morale, les mêmes principes, désirèrent qu'on les unît par le saint nœud du mariage, et les auteurs de leurs jours, enchantés de

leurs vertus , y consentirent.
L'enchanteur et la fée son épouse
se dévoilèrent alors à tous les regards, et il y eut des fêtes con-
tinuelles , auxquelles assistèrent
les bons génies des environs.

Ainsi l'éducation changea deux
êtres qu'un mauvais naturel aurait rendus méchans, et le prince
ainsi que la princesse , devenus
époux et rois à leur tour , sup-
plièrent leurs dignes protecteurs
de leur laisser les miroirs magiques, qu'ils désiraient consulter
souvent pour guider leur con-
duite et pour faire le bonheur

de leurs peuples réunis. Talisman précieux, heureux présent
que le ciel devrait bien faire à
tout homme qui ne veut com-
mettre aucune action sans consulter, avant tout, sa conscience
et la vérité !

LA PORTE

DES GRANDEURS.

« Mon père était vannier ; il a voulu que je fusse vannier, et je suis vannier ».

C'est ainsi que s'exprimait, en soupirant, le pauvre Assed, assis, un soir, sur le pas de sa porte, dans le faubourg de Péra, à Constantinople. Il rentrait de la ville, où il avait vu passer le grand seigneur avec tout son cortége, qui revenait de la mosquée. Ce tableau avait frappé son imagination, et il faisait ces refléxions :

« Qu'il est beau d'être souverain , de gouverner un grand empire , de se voir honoré comme
le premier des hommes sur la
terre ! Qu'il est beau , après ce
poste éminent , d'être un grand
ministre , d'ordonner , de faire
exécuter les lois , de disposer de
la faveur , des places , du trésor
public , de tous les honneurs !
Qu'il est encore beau de com-
mander des armées ou des flottes ,
de faire une guerre glorieuse , de
recueillir des lauriers au sein de
la victoire , de se voir procla-
mer le plus grand vainqueur , le

9.

plus illustre capitaine de son siècle !.... Qu'il est toujours beau d'être aga , visir , muphti , ou même simple cadi ! On a une portion de pouvoir quelconque ; on l'exerce , en cherchant toujours à faire le bien , et l'on est estimé , respecté de ses concitoyens !.... Mais mon père était vannier ; il a voulu que je fusse vannier , et je suis vannier.

« Quel triste état pour moi , qui ai des connaissances bien supérieures à celles qu'il exige ! Tout le monde fera des corbeilles , des paniers ; mais tout le monde ne fera pas des vers comme ceux que j'ai composés pour la fête de l'iman ; car enfin, je sais faire des vers. J'écris mieux qu'il ne le faudrait pour être ministre, puisqu'un ministre n'a besoin, les trois quarts du temps, que de donner sa signature. Je connais les affaires comme un homme de loi ; car c'est moi qui, dans le quartier, donne des conseils à tous les gens qui ont des procès. Je serais, au besoin, un très-bon général ; j'ai servi trois ans sur un corsaire. Je compte aussi bien que le plus avide fi-

nancier. J'ai reçu en un mot une
fort bonne éducation dans la pen-
sion où mon père m'a fait élever;
mais l'éducation est le seul héri-
tage qu'il m'ait laissé. Il était
vannier ; il a voulu que je fusse
vannier, et je suis vannier.

« En vérité, plus je m'examine, plus je vois que je suis
propre à tout : oui à tout ! Je
pourrais être sultan, grand visir,
et occuper par conséquent toutes
les places qui sont au-dessous de
ces hautes dignités, et au lieu de
cela, je suis un pauvre artisan,
logé dans une pauvre boutique,

mari d'une pauvre femme, qui
travaille comme moi du matin au
soir, et, pour comble de misère,
père de quatre pauvres petits enfans, qui me demandent sans
cesse du pain. Il est vrai que le
saint prophète m'envoie, chaque
jour, de quoi leur en donner.
Je ne me plains pas de mon petit commerce ; il va assez bien,
et je ne manque pas de pra-
tiques ; mais avec tout cela, je
végète ; je mange du pain, et bien
peu de chose avec. Je ne suis enfin
qu'un petit marchand, un homme
du peuple, un des cent mille mil-

lions d'individus jetés dans la
foule commune, et auxquels
on ne prend pas garde dans le
monde !.... Mais que veux-tu,
mon pauvre Assed, ton père
était vannier; il a voulu....C'est
ta faute aussi. Oui, Assed, tu n'as
pas eu assez d'élan, d'énergie,
d'ambition. Tu as suivi servile-
ment les ordres de ton père,
quand tu aurais dû te montrer,
intriguer, te jeter dans la foule
des solliciteurs, faire comme tout
le monde, assiéger la porte des
grandeurs, et y frapper sans re-
lâche, jusqu'à ce qu'elle s'ouvrît

pour toi. Je sais bien qu'on s'y pousse, qu'on s'y coudoie, qu'on s'y culbute; eh bien! tu aurais poussé, coudoyé, culbuté tous ceux que tu aurais rencontrés sur ta route, et tu serais arrivé. Assed, mon ami, je te répète que tu as manqué d'énergie ; mais peut-être en est-il encore temps. Vois, essaie ; place-toi sur le passage de quelque grand de la terre ; cherche, amène l'occasion de lui rendre un service ; insinue-toi dans sa confiance ; deviens son confident, son ami ; dénigre-le ensuite ; tâche de te faire donner sa place, et monte, monte, monte, mon garçon. Allons, du courage! Si ton père était vannier,.... »

Assed fut interrompu ici par un éclat de rire qu'il entendit, sans pouvoir deviner de qui il partait. Il examina autour de lui, et ne vit personne ; car, pendant qu'il avait donné du temps à ces réflexions, la nuit était venue, et tous ses voisins étaient rentrés chez eux.

Assed se perdait en conjectures, lorsque, levant les yeux sur un marais, à un demi-quart

de lieue devant sa porte, il aperçut une petite lumière qui lui
parut être ce qu'on appelle un feu-
follet. Cette petite flamme s'ap-
proche en riant toujours, et,
quand elle est à deux pas d'Assed, elle s'arrête, en lui disant :
Ne crains rien, Assed; je suis un
diable, mais un bon petit diable,
et j'ai reçu, de Satan, la mission
de poursuivre par-tout, sur la
terre, le démon de l'ambition,
mon plus mortel ennemi. Je l'ai
reconnu aux vilains propos que
tu viens de tenir. C'est lui qui
te les a dictés; car il est dans

ton sein. — Que dites-vous? s'é-
crie Assed. J'ai un démon dans
mon sein ? — Il ronge ton cœur
en ce moment; mais je vais l'en
chasser. Tousse et crache.

Assed fait ce qu'on lui dit,
et, à l'instant, il sort de son go-
sier un petit serpent tout brillant comme un gros diamant,
et qui cherche à se sauver dans
la rue.

Le bon diable dit à ce petit
serpent : Un instant, misérable
ver rongeur! tu es en ma puissance, je t'ordonne de t'arrêter.

Le serpent s'arrête. Le bon

diable lui parle de nouveau en ces termes : Toi , qui sais si bien prendre toutes les formes , quand tu veux arriver à ton but , tu ne seras sans doute pas embarrassé pour revêtir celle que je vais t'indiquer. Je t'ordonne de devenir dragon ailé , et de conduire Assed aux lieux où je vais vous guider tous deux.

Assed se trouve aussitôt à cheval sur un dragon ailé, qui l'emporte dans les airs. Le bon diable est devant ; il s'arrête au pied d'une colline , et dit à Assed : reposons-nous ici , et prête ton attention à ce qui va se passer devant toi. Tu voulais assiéger la porte des grandeurs ; elle va paraître à tes yeux. Regarde là-haut sur cette colline.

Une espèce de jour sombre éclaire la colline qui se trouve couverte de gens de tout âge et de tous états. Tout ce monde-là paraît gravir avec peine la montagne. Plusieurs sont poussés, renversés ; les uns culbutent les autres, et l'on en voit qui, près d'arriver au faîte, en sont précipités de manière à ne pouvoir plus y remonter. Enfin, une

grande porte, toute brillante
d'or et de rubis, s'ouvre à deux
battans. On voit dans son intérieur des trônes, des empires,
des îles, des palais, des châ-
teaux, des monceaux d'argent,
d'or et de diamans fins ; mais la
Fortune est sur la porte de ce
trésor universel ; on la voit là
sur sa roue, les yeux bandés,
écartant les uns d'une main et
tendant l'autre à ceux auxquels
elle veut bien permettre d'entrer.

Assed voit entrer une foule de
petits hommes secs, décharnés,

auxquels la Fortune donne des places de pachas, de califes, de visirs ; elle donne également des trônes , des couronnes à quelques Mamelucks intrigans, dont les vêtemens sont couverts de sang humain.

Plus la Fortune fait des heureux , plus la foule des ambitieux grossit, et plus elle se presse pour tâcher d'entrer ; mais les portes ne sont pas assez larges pour tant de monde, et l'on entend les cris de quelques imprudens qui sont étouffés , renversés, foulés aux pieds par des gens plus forts, plus habiles, ou plus heureux.

Quand la Fortune a distribué tous ses dons ; quand elle n'a plus à donner, ni sceptre, ni trésor, ni palais, ni château, ni lauriers, ni rien enfin de ce qui avait tant flatté l'œil à l'ouverture de la porte des grandeurs, tous ceux qui n'ont pu y pénétrer et qui gravissent encore la colline, font, dans leur rage, le complot affreux d'enfoncer la porte, de culbuter la Fortune, et d'aller, dans l'intérieur, dépouiller, égorger ses favoris. C'est alors une révolte, une mêlée épouvantables; on entend le cliquetis des armes, les plaintes des mourans; on voit au loin les trônes renversés, les villes incendiées. Ce tableau saisit tellement Assed, qu'il en perd connaissance.

Il recouvre ses sens et ne voit plus rien. Le bon diable lui dit : Lève la tête pour la dernière fois, et tu vas savoir ce que sont devenus tous ces heureux favoris de la Fortune pour lesquels s'est ouverte naguère cette porte si séduisante.

Un tableau magique passe alors
devant les yeux d'Assed : presque
tous les pachas , les califes , les
visirs , les agas , qu'il a vus com-
blés d'honneurs, sont décapités,
et l'on attache leurs têtes aux
portes du sérail. Les intrigans
Mamelucks, qui avaient usurpé
les plus beaux trônes de l'Asie ,
sont détrônés à leur tour et fu-
sillés ; la plus grande partie des
favoris de la Fortune est pulvé-
risée.

Ceux qui restent encore en
place, Assed les voit livrés à eux-
mêmes dans leur intérieur. Le

ministre est assis dans son cabinet où il travaille , la nuit , à la lueur de deux bougies. Son front est sombre , soucieux ; sa figure est morne, inquiète. Altéré par les travaux , par les veilles , il semble redouter encore un coup du sort ; il en est effectivement frappé le matin. On entre chez lui ; on lui remet un ordre de son souverain qui lui retire le portefeuille et l'envoie en exil.

Le général d'armée , dans sa tente , ne prend ni repos, ni alimens ; il redoute un passe droit ; il lui est fait. Le désespoir l'accable, et il a l'air de regretter le sort du plus ignorant de ses soldats.

Assed voit ainsi les grands de la terre dans toutes les situations de leur vie privée, et le meilleur des monarques, le plus grand, le plus bienfaisant des rois lui paraît trop surchargé de travail et d'affaires pour qu'Assed ose lui envier le rang suprême qui donne tant de peines et d'inquiétudes.

Un dernier tableau lui fait éprouver de plus douces sensations. Il se voit lui-même, vieilli au moins de trente ans ; il est là en effet, dans sa chambre , devant une bonne table couverte d'une vaisselle propre , d'une modeste argenterie , et sur - tout de mets simples et succulens. Ses quatre enfans, devenus pères de famille, sont autour de lui , et le vieil Assed jouit encore des caresses de dix à douze petits marmots, ses petits-enfans , dont les uns sont sur ses genoux , les autres dans ses bras, et d'autres encore jouent avec sa chevelure blanche et vénérable.

Le bon diable lui dit : Assed! voilà le sort qui t'attend. Tu seras, dans ta vieillesse, le plus heureux des pères et des patriarches, si tu abandonnes tes idées de grandeurs, si tu te contentes de la condition dans laquelle Dieu t'a fait naître, si enfin tu te bornes à ton état. — Oh! oui, s'écria Assed transporté de joie, et voilà bien le cas de répéter avec plaisir ce que je ne prononçais jamais sans avoir le cœur serré : Mon père était vannier ; il a voulu que je fusse vannier, je suis et je serai toujours vannier.

Le bon diable le reporta dans

sa maison et disparut. Assed revit avec la plus vive satisfaction son habitation, où il devait trouver désormais la paix du cœur et l'asile le plus doux pour ses vieux jours.

Grand Coco.

GRAND-COCO.

GRAND-COCO avait huit ans
lorsqu'il perdit ses père et mère,
qui n'étaient que de pauvres pay-
sans. Le magister du village,
son parrain, en eut pitié et le
prit chez lui. Ce magister était
célibataire, et il se faisait un plaisir d'élever un enfant qui lui tînt
lieu de fils, à qui il pût apprendre
toutes les belles choses qu'il savait. Le magister ne pensait pas
qu'en fait d'instruction, l'intelligence et le désir d'apprendre font
autant que les leçons. Il se tuait
de montrer à Grand-Coco à lire,

à écrire, à compter ; Grand-Coco
avait la tête si dure, qu'il ne faisait pas de progrès. Ce ne fut
qu'à l'âge de dix-huit ans qu'il
sut enfin ces premiers élémens
de toute éducation. Son nom de
baptême était Nicolas ; on l'appelait, par abréviation, Coco
dans son enfance ; mais il était devenu si grand, si long, si mince
et si niais, qu'on lui avait donné
le surnom de Grand. Son parrain
était désolé de lui voir tant de
bêtise et d'ignorance, et cependant il ne pouvait lui reprocher
que cela.

Malgré sa taille de flûte, Grand-Coco était fort joli garçon, et il avait un excellent cœur. Le mal d'autrui lui était plus sensible que le sien propre. Incapable d'en faire à qui que ce fût, il pleurait même la mort d'un animal domestique. C'est ainsi qu'il resta trois jours sans prendre de nourriture, parce qu'un chien fidèle, qu'il chérissait, était mort de vieillesse. Secourable envers ses voisins, humain, généreux, plein de respect pour la vieillesse, d'égards, de petits soins et d'obligeance pour tout le monde,

11.

Grand - Coco possédait mille bonnes qualités, et, si on le plaignait d'être si simple d'esprit, chacun l'aimait comme un frère.

Malgré tout cela, le magister voyait bien qu'il ne pourrait jamais laisser sa classe à son filleul, qui serait incapable de la faire. Mais il avait résolu de lui léguer sa succession, qui consistait en un petit mobilier et une rente de six cents livres. Au moins, se disait ce bonhomme, il mangera du pain avec cela, et il est si économe, qu'il trouvera encore le moyen d'en donner un peu aux indigens.

Aussi Grand-Coco, vu son incapacité de travailler, n'avait rien à faire qu'à se promener.

Un matin qu'il était allé respirer le frais dans la forêt voisine, il aperçut une vieille femme qui dormait sur le bord d'un précipice affreux. Il paraissait que cette femme, qui avait sans doute le sang agité, s'était tant tournée et retournée, en dormant, qu'elle n'avait plus qu'un mouvement à faire pour tomber dans ce trou profond ; car ses jambes y étaient déjà suspendues. Grand-Coco regarda au fonds du précipice, et aperçut une foule de serpens et de vipères qui, levant la tête, semblaient y attendre leur victime.

Grand-Coco frémit! Il s'empresse de prévenir la vieille femme du danger qu'elle court; mais, pour la réveiller sans lui occasionner une secousse qui la ferait tomber, il se glisse derrière sa tête, s'empare de ses deux épaules, et la retirant de son côté sur l'herbe, il lui dit : Reveillez-vous, madame, ou vous allez périr.

A l'instant, il entend comme un coup de tonnerre au fond du précipice, et il en sort des tourbillons de flammes et de fumée qui, heureusement, se dissipent bien vite.

Jeune homme bon et secourable, lui dit la vieille, ne sois pas surpris de ce que tu entends ? Je suis la fée Colomba. Accablée de fatigue, je m'étais endormie là, où mes ennemis, déguisés en bêtes venimeuses, auront cherché à m'attirer dans un piége. En me réveillant, tu as rompu leur charme, et ils viennent d'en

témoigner leur rage, en s'en-
fuyant enflammés de colère. Je
te remercie du service signalé que
tu m'as rendu, et je t'accorde le
don de réussir dans tout ce que tu
entreprendras. Je ne te dis pas que
tu pourras former des souhaits,
ils ne seraient pas exaucés ; mais,
quelque affaire que tu entre-
prennes, elle réussira, à moins
que tu n'en perdes le fruit par ta
faute ; car il faut savoir user avec
prudence des bienfaits du ciel.
Adieu, mon libérateur ; sois heureux, il ne tiendra qu'à toi.

A ces mots la fée s'envole dans

les airs sous la forme d'une blanche colombe.

Grand-Coco est resté ébahi. A peine a-t-il entendu ce qu'on lui disait.

Cependant, en revenant chez son parrain, il réfléchit sur le don brillant qu'on vient de lui faire, et se dit : Il faut que je mette cette belle promesse-là à l'épreuve sur-le-champ; car voilà un colporteur qui vient par-ici en criant des billets de loterie; je vais lui en prendre un, et, jarni! nous verrons après.

Grand-Coco ne possède, pour

le moment, qu'une pièce de cinq francs ; il. la met tout entière sur cinq numéros, et rentre chez son parrain, à qui il n'a garde de raconter cette épreuve, dans la crainte qu'elle ne réussisse pas, et que l'on se moque de lui.

Il attend avec impatience le jour du tirage ; ce jour arrive ; Grand - Coco va consulter la liste ; quel bonheur ! Ses cinq numéros sont sortis ! il a gagné un quine !

Il entre comme un fou chez son parrain. Mon parrain, lui dit-il en sautant de joie, faites accommoder pour le souper ce lièvre et ces deux perdrix que je vous ai apportés hier ; nous allons être riches, bien sûr. J'ai gagné un quine à la loterie, et je cours à la ville prochaine pour y chercher mon argent.

Le magister, étonné, n'a pas le temps de lui faire une question ; Grand-Coco est parti. Il court comme un fou ; il arrive chez le buraliste, il demande combien il a gagné, on le lui dit ; on commence à lui compter des rouleaux de louis ; mais!... Mais Grand-Coco n'a plus son billet : il a

chassé la veille ; il a eu la mal-
adresse d'en bourrer son fusil.,

Il revient bien triste, et raconte sa bêtise à son parrain, qui
en est plus affligé que lui. Con-
solez-vous, mon parrain, lui dit
Grand-Coco, j'en serai quitte
pour remettre une autre fois à la
loterie. — Ne t'y trompe pas,
répond le magister; les mêmes
moyens de faire fortune ne se pré-
sentent pas deux fois dans la vie;
et, si j'ai bien compris ce que t'a
dit la fée, je crois que si l'un de
ces moyens échoit par ta faute,
tu dois y renoncer et en chercher

un autre. — Eh bien ! mon parrain, prenons en un autre. —
C'est bien dit ; mais il faut en
trouver.... Écoute ; j'ai ouï dire
qu'un riche Anglais, que la maladie de son pays avait porté à
se suicider, et qui habitait la
belle-maison du bout, détestait
tant les hommes qu'avant de se
tirer un coup de pistolet, il avait
enfoui, dans un champ, des trésors considérables. Les habitans
du pays ont cru à cette tradition,
et comme on ignorait le champ
qu'il avait choisi, on se mit à
fouiller, à remuer tous les prés

du village sans rien trouver. Tu seras peut-être plus heureux. Nous irons tous les deux, cette nuit, et si ta fée ne t'a pas trompé, il est sûr que tu découvriras ce trésor immense. — Oui, mon parrain.

Le magister et Grand-Coco allèrent en effet, à minuit sonnant, parcourir les champs voisins. Grand-Coco, qui était armé d'une pelle et d'une pioche, ne tarda pas à dire, en s'arrêtant et comme par inspiration : Mon parrain, c'est là. — Eh bien! fouille.

Grand-Coco n'a pas donné six coups de pioche, qu'il découvre en effet un coffre, dont une planche pourrie et cassée lui laisse voir des pièces d'or et des pierres précieuses. Le voilà, s'écrie-t-il transporté de joie ; mais il est si lourd, qu'il nous serait impossible de le porter à nous deux. — Attends, mon cher filleul, je vais chercher ma brouette ; nous mettrons ce coffre dessus, et, après l'avoir couvert de quelques branchages, pour le dérober aux regards des curieux, nous le traînerons plus facilement. Mais ne quitte pas cette place pendant mon absence, qui ne sera pas longue. Veille sur ce précieux trésor, et, si tu vois du monde, couvre-le de terre, en te couchant dessus, comme si tu t'étais endormi là.

Le magister court vers sa maison. Grand-Coco reste seul, réfléchit, et se dit : Mon parrain est allé chercher sa brouette ; mais elle est bien trop lourde pour lui, qui est déjà âgé et qui n'est pas habitué à traîner des fardeaux. Qu'est-ce que je risque d'aller au-devant de lui ? je se-

rai revenu plus vîte et nous au-
rons plus tôt fait; d'ailleurs j'ai de
bons yeux , et je ne vois personne dans cette campagne :
Courons.

Grand-Coco court au-devant
du magister , qui lui fait mille
reproches de son imprudence.
Ne craignez rien , mon parrain ,
lui répondit-il ; allez, il n'y a
pas un chat là-bas.

Il traîne la brouette et retourne
au trésor.... mais il n'y était plus.
Des gens du pays, qui revenaient
d'une noce, s'étaient couchés à
plat ventre pour voir ce qu'on fai-

sait là ; et, pendant l'absence du jeune homme, ils avaient pris la cassette.

Le magister l'aurait battu, tant il était en colère. A la fin, il se calma et dit : Allons, consolons-nous ; demain, nous chercherons autre chose.

La nuit porte conseil, selon un vieux proverbe. Le magister dit à Grand-Coco. Il m'est venu une bonne idée, va ! Le voisin Thomas possède une chose très-précieuse, que lui a laissée un homme qui lui devait beaucoup d'argent. C'est un vase d'un seul morceau de cristal de roche, taillé et ciselé avec un art merveilleux. Il me l'a offert vingt fois pour quatre cents francs; mais il n'y pense plus, et il ignore que le nouveau seigneur du village, homme riche à millions et amateur de curiosités, en donnerait bien davantage pour orner sa belle galerie de tableaux, de marbres, de porphyres, que sais-je? Je cours négocier cette affaire-là.

Le magister vole chez son voisin Thomas, achète le vase, compte l'argent, et revient enchanté; mais comme c'est Grand-

Coco qui est favorisé de la fée au point de réussir en tout, il le laisse négocier avec le seigneur. Ce seigneur passe à pied en négligé. Grand-Coco le prie d'entrer chez son parrain pour y voir une chose qui est, dit-il, sans prix. Le seigneur entre, admire le vase et dit : J'en ai chez moi un, de même crystal et qui est à-peu-près de la même forme. S'il se trouvait par hasard que celui-ci pût faire le pendant du mien, je vous en donnerais tout ce que vous m'en demanderiez, fût-ce vingt mille francs. Appor-

tez-le-moi tantôt. Pour le moment,
je ne rentre pas chez moi.

Grand-Coco est ravi. Il prend
le vase, dans l'après-midi, et il
s'achemine vers le château. Il fal-
lait, pour y arriver, monter une
montagne presque à pic, et qui
était bordée des deux côtés par
des précipices aboutissant à des
masses de rochers. Grand-Coco,
qui n'a jamais parcouru cette montagne avec tant de joie, saute,
court, chante comme pour en
narguer l'âpreté ; il arrive ainsi
presque jusqu'au sommet. Il saute
encore, et paff ! son vase échappe

de ses mains, roule, rencontre un obstacle qui le fait sauter par-dessus la berge, et va de là se briser en mille morceaux sur les rocs !....

Grand-Coco descend en pleu-rant; il raconte à son parrain ce qu'il appelle un grand malheur. Le magister, furieux, s'écrie : Va, imbécille! tu es bien de ces gens qui jettent à leurs pieds ce qu'ils ont dans les mains : et mes pauvres quatre cents francs ! — Mais, mon parrain, je vous les rendrai, si nous essayons un autre moyen. — Essaie tout seul ; va-

t'en au diable ! je ne veux plus
me mêler de toi.

Le magister tint parole ; il renvoya de chez lui son sot filleul,
et Grand-Coco, après avoir tenté
encore plusieurs moyens de réussir, qui tous échouèrent par sa
faute, mourut de misère et de
chagrin, avant le terme que la
nature avait sans doute fixé à sa
robuste constitution.

Et la fée, me direz-vous, mes
enfans, est-ce qu'elle l'a aban-
donné ?..... Je vous répondrai
que la fée, voyant qu'il n'avait
pu tirer aucun parti du don qu'elle

lui avait fait, abandonna sans pitié ce nigaud, en se disant : Il ne
mérite pas mes bienfaits. Ce n'est
pas tout dans la vie que d'avoir du
bonheur, il faut savoir en profiter.

LE GÉANT

PÉRIFÉRIGÉRILÉRIMINI.

Deux petites filles et leur jeune
frère, nommés Suzette, Isaure
et Charlot, demandèrent un
jour à leur maman la permission d'aller se promener dans
la grande rue. Je le veux bien,
leur dit leur maman; mais c'est
à condition que vous n'entrerez
pas dans le bois qui est au bout;
car vous savez, on vous l'a souvent dit, qu'il apparaît quelquefois, dans ce bois, un géant terri-

ble, nommé Périférigérilérimini,
qui emporte les petits enfans dans
son antre sauvage, où il les mange.
Prenez-y bien garde; vous me
promettez de ne pas entrer dans
ce bois dangereux.

Les trois enfans répondent ensemble : Oh! oui maman.

La mère ajoute : Isaure, toi
qui es la plus grande, je te re-
commande de veiller sur ton frère
et ta sœur. — Oh! oui maman.
— Allez et ne soyez pas long-
temps. — Oh! non, maman.

Tous les enfans disent toujours:
Oh! oui maman : oh! non maman;

mais ils sont disposés à désobéir. Ceux-ci firent comme les autres. Ils virent, de loin, le bois rempli de fraises et de roses de haie. Oh ! les bonnes fraises ! dit Isaure.

Oh ! les belles roses ! s'écria Suzette.

Moi, dit Charlot, je ne suis pas pour les roses, mais pour les fraises.

Isaure avait dix ans, Charlot neuf et Suzette huit; ils étaient bien jeunes et gourmands, ah !

Ils entrent dans le bois ; ils cueillent, ils mangent, et comme l'appétit vient en mangeant, ils

31.

s'enfoncent, sans s'en apercevoir, dans l'épaisseur du bois. Un géant leur apparaît, un géant d'au moins quarante pieds de haut, vêtu de feuillages, et portant une longue massue faite d'un chêne tout entier.

Nos enfans jettent un cri et veulent fuir; mais le géant, qui parcourt vingt pieds par chaque pas qu'il fait, les a bientôt attrapés. Je suis friand de petits enfans, dit-il d'une voix de tonnerre : en voilà trois; c'est bon, ce sera pour mon dîner et mon souper.

En disant cela, il prend les trois enfans dans une main, les couvre de l'autre, comme s'il les mettait dans une boîte, et les emporte dans son antre, où il les enferme.

Tandis que Suzette se contente de pleurer amèrement, sa sœur Isaure et le petit Charlot font mille reproches au géant, lui disent cent sottises, et le menacent de le mordre, de l'égratigner, s'il ose les approcher.

Crois-tu que tu nous auras comme cela? dit Charlot, vilain borgne (le géant n'avait qu'un œil).

Charlot prend un couteau de trois pieds de long qu'il trouve sur une table ; Isaure s'empare d'une paire de ciseaux de la même taille, et tous deux se préparent à une défense opiniâtre.

Le géant leur dit, en écumant de colère : Vous allez voir, petits vermisseaux, si le géant Périféri-gérilérimini a peur de vous.

Il les prend, leur coupe le cou, les déshabille et les met sur le gril.

Pendant qu'ils cuisent, Suzette, mourant de peur, dit en feignant de sourire : Oh ! monsieur le géant, j'espère bien que vous ne

m'en ferez pas autant qu'à mon
frère et à ma sœur? — Tout autant, petite. Je vais dîner avec
eux; et, comme je mange peu
le soir, je te servirai pour mon
souper. — Oh! vous n'auriez pas
cette barbarie. — Pourquoi? C'est
que je suis douce, moi; je ne dis
de sottises à personne, et je trouve
tout naturel qu'un seigneur tel
que vous, qui aime la chair
fraîche des petits enfans, s'en ré-
gale, sur-tout quand ils ont mérité
de mourir pour avoir désobéi à
leur maman. — Ah! vous avez
désobéi! — Moi un peu moins

que mon frère et ma sœur. Je
leur disais sans cesse : Prenez
garde; vous pouvez être pris par
le grand, le puissant, le très-
haut seigneur Périférigérilérimini. Il peut être indulgent pour l'enfance, timide, douce, modeste;
mais, si vous lui manquez, si
vous l'insultez, il vous croquera
et il fera bien.

LE GÉANT, *à part.*

Hom ! cette petite fille est très-
polie, très-honnête. (*haut*) Tu
n'as donc pas peur de moi?

SUZETTE.

Pas la moindre peur. Eh! pour-

quoi me mangeriez-vous ? Je ne
vous ai fait aucun mal. Je n'ai pas
pris des couteaux, des ciseaux,
pour vous opposer une défense
aussi ridicule qu'inutile; et, quand
vous me croqueriez, vous n'en
seriez guère plus gras.

LE GÉANT, *à part.*

Elle a de l'esprit. (*haut.*) Mais
si c'est mon goût de manger les
petits enfans ?....

SUZETTE.

Mangez ceux qui sont méchans;
vous n'en manquerez pas : il y en
a tant! Vous ne serez embarrassé
que de savoir à quelle sauce les
mettre.

LE GÉANT.

Oh! je les fais rôtir; c'est meilleur.

SUZETTE.

Je le crois; cela doit être tout-à-fait friand. Moi, je vous ferais un triste ragoût, je vous l'assure.

LE GÉANT.

Pourquoi?

SUZETTE.

Je suis fade.

LE GÉANT.

Non.

SUZETTE.

Dure.

LE GÉANT.

Point.

SUZETTE.

Coriace.

LE GÉANT.

Je n'en crois rien ; mais, quoi qu'il en soit, tu t'y prends de manière à me désarmer : ta voix est si douce avec cela !

SURETTE.

Voulez-vous que je vous chante une petite chanson ?

LE GÉANT.

Volontiers ; je ne suis pas du tout ennemi de la joie, moi.

Suzette lui chante deux couplets avec une grâce, un charme qui font sourire le barbare anthropophage. Quand elle a fini, il lui dit : C'est très-bien, mon enfant ; la chanson est jolie et tu la chantes à merveille...... Mais je ne reviens pas de ma surprise. Tout ce que tu dis, tout ce que tu fais, me prouve que je ne t'inspire réellement aucune terreur.

SUZETTE.

Aucune. On peut contenter des goûts particuliers ; on peut être gourmand, friand, sans avoir pour cela un mauvais cœur ; sans renoncer à la douceur de se montrer , parfois , humain , sensible , généreux et bienfaisant.

LE GÉANT.

Tu as raison , ma jolie petite, et , pour t'en donner une preuve, je te rends la liberté. Sauve-toi, cours , et sur-tout garde-toi de rester long-temps dans ce bois ; car tantôt , si mon appétit me revenait , je ne répondrais pas.... Va-t'en ! — Grand merci , monsieur le géant.

Le géant Periférigérilérimini

ouvre sa porte à Suzette, qui se sauve et a grand soin de ne pas regarder derrière elle, jusqu'à ce qu'elle soit chez sa mère.

Je ne vous peins point le désespoir de cette tendre mère, en apprenant la mort de deux de ses enfans. Mon but a été de vous prouver seulement que lorsqu'on est au pouvoir de plus fort que soi, la plainte, la violence, la menace nuisent plus qu'elles ne servent. Il y a toujours un moyen d'attendrir l'être le plus barbarre. La résistance d'Isaure et de Charlot a courroucé le géant Périférigérilérimini; l'esprit et la douceur de Suzette ont vaincu sa férocité.

FIN DU PREMIER VOLUME.

TABLE
DES CONTES
DE CE VOLUME.

FIN DE LA TABLE.